ANALISI DEL LIBRO

Il colonnello Chabert

● ● ● ● ● ● ● ● ● ● ● ●

Honoré de Balzac

ANALISI DEL LIBRO

Scritto da Hadrien Seret
Tradotto da Sara Rossi

Il colonnello Chabert

• •

HONORÉ DE BALZAC

HONORÉ DE BALZAC

SCRITTORE FRANCESE

- **Nato a Tours nel 1799.**
- **Morto a Parigi nel 1850.**
- **Opere degne di nota:**
  - *I Chouan* (1829), romanzo
  - *Eugénie Grandet* (1833), romanzo
  - *Padre Goriot* (1835), romanzo

Honoré de Balzac è stato uno dei maggiori scrittori francesi del XIX secolo. Da giovane si fa strada nel mondo dell'aristocrazia parigina, dove diviene un punto fermo negli anni successivi. Tuttavia, è presto rovinato da varie imprese commerciali disastrose e dal suo stile di vita eccessivo: la scrittura letteraria, che intraprende con passione e diligenza, diventa il suo unico modo per pagare i debiti.

Uomo ambizioso, intraprende un'opera monumentale, *La Comédie Humaine* ("La Commedia Umana"), che comprende più di novanta romanzi e che mira a tracciare un ritratto completo della società del suo tempo, così vasto da poter competere con i documenti ufficiali. Tra i romanzi più famosi della serie, *Eugénie Grandet* (1833) e *Padre Goriot* (1835).

Balzac è considerato uno dei padri fondatori del romanzo realista moderno.

IL COLONNELLO CHABERT

UN INTRIGO AVVINCENTE

- **Genere:** novella

- **Edizione di riferimento:** De Balzac, H. (2015) *Il colonnello Chabert*. Trans. Marriage, C. e Bell, E. CreateSpace Independent Publishing Platform

- **1°edizione:** 1832

- **Temi:** onore, guerra, vendetta, matrimonio, denaro

Sebbene *Il colonnello Chabert* sia apparso per la prima volta nel 1832, la versione definitiva del romanzo fu pubblicata solo nel 1844. Fa parte delle *Scènes de la vie privée* ("*Scene di vita privata*") della *Comédie humaine* di Balzac e racconta la storia di Hyacinthe Chabert, ex colonnello dell'esercito di Napoleone (imperatore dei francesi, 1769-1821), che lotta per recuperare il suo onore, le sue proprietà e sua moglie dopo essere stato dato per morto.

Questa lotta serve all'autore come pretesto per raccontare le terribili azioni ispirate dall'unione di amore e denaro, in un mondo che si muove costantemente tra la povertà di Chabert e la ricchezza della moglie.

SINTESI

IL RITORNO DEL COLONNELLO CHABERT

La storia si apre nello studio di un avvocato parigino, dove i commessi lavorano in un'atmosfera rilassata. Mentre scherzano, vedono arrivare alla loro porta un vecchio. Questo visitatore dall'aspetto miserabile chiede di parlare con il padrone dei commessi, un certo M. Derville. Tuttavia, i commessi gli dicono che M. Derville è un uomo molto impegnato e che passa in ufficio solo di notte: il vecchio dovrà tornare verso l'una di notte se vuole vederlo.

Lo strano uomo torna all'ora stabilita e viene accolto da Derville. Egli rivela la sua vera identità: è Hyacinthe Chabert, noto in Francia come colonnello Chabert e famoso per le sue imprese sul campo di battaglia e per la sua morte eroica nella battaglia di Eylau l'8 febbraio 1807. In realtà, Chabert non era morto, ma fu semplicemente dato per morto dopo essere caduto in uno stato di catalessi (un processo per cui un individuo cade in stato di incoscienza e non può essere risvegliato, senza alcuna compromissione delle sue funzioni vitali) e finire sepolto in una fossa comune. Quando riprese conoscenza, era in cattive condizioni e soffriva di una grave ferita alla testa, e dovette trovare una via d'uscita dalla fossa. Fu salvato da una coppia che lo tirò fuori e lo portò a casa con sé, ma le sue condizioni erano così gravi che lo mandarono all'ospedale di Heilsberg perché potesse ricevere le cure necessarie. Mentre era in ospedale, si riprese e si ricordò di essere il colonnello Chabert. Quando ricominciò a usare questo nome, si rese conto che tutti pensavano che fosse pazzo, perché avevano sentito la notizia della sua morte. Solo un medico gli credette e, sotto la guida di un notaio, redasse un documento che attestava la sua identità.

Tuttavia, alla fine il colonnello fu cacciato dall'ospedale. Dopo aver vagato di città in città e raccontato la sua storia a chiunque volesse ascoltarlo, finì per essere internato in un manicomio di Stoccarda. Fu rilasciato due anni dopo per buona condotta. Poco dopo incontrò Boutin, un ex soldato del suo reggimento che riconobbe immediatamente il suo vecchio capo. Il colonnello decise allora di rintracciare sua moglie, la contessa Ferraud, e inviò Boutin a Parigi per chiedere il suo aiuto. Tuttavia, non ricevendo alcun aiuto, si recò egli stesso a Parigi, dove apprese della sua morte, della liquidazione del suo patrimonio e del nuovo matrimonio dell'ormai ex moglie. Nonostante le avesse scritto molte lettere, lei aveva continuato a fingere che lui non esistesse. Per vendicarsi e recuperare i suoi beni, il colonnello Chabert aveva deciso di chiedere aiuto a Derville.

A differenza degli altri avvocati consultati dal vecchio soldato, Derville prende la questione molto seriamente: annuncia che farà portare nel suo ufficio i documenti di Chabert provenienti da Heilsberg e che farà tutto il possibile per aiutare il colonnello ad avere successo. Inoltre, gli darà una piccola somma di denaro ogni mese per permettergli di tirare avanti fino a quando non si terrà un eventuale processo.

L'ACCORDO

Tre mesi dopo, Derville va a trovare il suo cliente. Chabert è ospite di Vergniaud, un ex soldato del suo reggimento che ora alleva mucche. In questo misero ambiente, l'avvocato spiega al colonnello che un processo è possibile, ma che sarà estremamente costoso viste le sue circostanze eccezionali. Dice inoltre all'anziano che, poiché il suo testamento è già stato eseguito, può solo sperare di riavere un quarto della sua fortuna. Poiché gli sarà impossibile mettere insieme la somma necessaria per avviare un'azione legale, Derville si offre di fare da mediatore tra lui e Madame Ferraud senza portare la questione in tribunale. Il colonnello accetta e ripone tutta la sua fiducia nel suo benefattore.

Derville si reca dalla contessa, che conosce bene perché è una sua cliente. Usa tutto il suo ingegno per tendere una trappola all'ex moglie del colonnello: sottolinea la fragilità del suo nuovo matrimonio e le aspirazioni realiste del marito, che potrebbero spingerlo ad approfittare di un potenziale scandalo per lasciarla. Di fronte a questi pericoli, la donna accetta di partecipare alla mediazione con il colonnello Chabert nello studio dell'avvocato.

Durante la mediazione, Derville suggerisce alla contessa Ferraud di versare all'ex marito 24.000 franchi all'anno e, in cambio, di mantenere il silenzio sui dettagli della situazione. Tuttavia, la contessa rifiuta, facendo arrabbiare il colonnello. Egli la insulta e lei lascia l'ufficio.

Mentre il colonnello sta lasciando l'ufficio di Derville, la contessa si comporta in modo affascinante e accenna alla possibilità di tornare insieme. Lui cade nella sua trappola. Lei lo porta nella sua casa di campagna vicino a Groslay e riesce a convincerlo a rinunciare al suo desiderio di vendetta. Lui accetta di continuare a fingere di essere morto per poter ricucire il rapporto con l'ex moglie. Tuttavia, poco prima di firmare il contratto che conferma la sua rinuncia, si rende conto dell'inganno che la donna sta cercando di giocargli: non ha alcuna intenzione di amarlo in segreto, ma vuole semplicemente sbarazzarsi di lui mandandolo a Charenton, un manicomio. Il colonnello Chabert è disgustato dal fatto che lei possa abbassarsi a tanto e se ne va per tornare a vagare per le strade.

LA RINUNCIA

Sei mesi dopo il fallimento dell'accordo, Derville non è ancora stato pagato per i suoi servizi e decide di contattare la contessa Ferraud per ottenere i suoi soldi. Il suo segretario Delbecq si rifiuta di pagarlo, affermando che non c'è stato alcun accordo in quanto l'uomo che sosteneva di essere il colonnello Chabert ha ammesso di essere un impostore. Derville è convinto che la contessa sia coinvolta in questa manipolazione e conclude che, se un individuo vuole avere successo nella società francese, la cosa più importante da fare è abbandonare la propria coscienza e umanità.

Poco dopo, l'avvocato incontra per caso il suo ex cliente in tribunale. L'uomo è ora un vagabondo che si fa chiamare solo Hyacinthe ed è irritato e indignato quando Derville gli dice che la sua ex moglie si è rifiutata di pagarlo. Firma quindi una dichiarazione di debito da consegnare alla contessa e, non avendo denaro, si mette una mano sul cuore per dimostrare la sua gratitudine.

Circa 20 anni dopo, nel giugno 1840, apprendiamo che l'ex moglie di Chabert è ora "una donna intelligente e piacevole, ma piuttosto troppo pia" (p. 90). Il suo ritrovato desiderio di rispettare Dio indica la sua colpa nella vicenda. Derville ha trovato un successore in Godeschal e, mentre lo accompagna a un processo, i due uomini incontrano l'ex colonnello, che ora vive in una casa per anziani. Egli non permette loro di rivolgersi a lui con il suo nome e il suo titolo, dicendo loro: "Non sono più un uomo, sono il numero 164, stanza 7" (ibid.). Il vecchio è pazzo, appassionato sostenitore di Napoleone, di cui non smette mai di celebrare la gloria, e chiuso alla società. Tuttavia, appare come un uomo saggio, "pieno di filosofia" (p. 91), che ha voltato le spalle alla società parigina, governata dai vizi del regime realista. Derville prende poi in considerazione la possibilità di fare la stessa scelta, anche se in modo meno estremo, trasferendosi in campagna.

STUDIO DEL CARATTERE

COLONNELLO HYACINTHE CHABERT

Chabert, da cui prende il nome il romanzo, è un ex colonnello dell'esercito napoleonico, Conte dell'Impero e Grande Ufficiale della Legion d'Onore. I suoi genitori sono morti quando era molto giovane ed è cresciuto in un ospizio: deve i suoi titoli e la sua fortuna solo al merito. Amico e protetto dell'Imperatore, viene descritto come orgoglioso, rispettato e generoso: un vero eroe le cui imprese sono state lodate prima di venire dichiarato morto.

Sebbene fosse un eroe sotto l'Impero, il suo status cambiò completamente al ritorno della monarchia. Durante la battaglia di Eylau guidò una carica decisiva, durante la quale riportò ferite così gravi che i suoi compagni di battaglia lo credettero morto e lo abbandonarono sul campo di battaglia. Fu dichiarato morto e sepolto con gli altri soldati caduti. Il suo ritorno alla vita fu un'esperienza traumatica: tutti pensavano che fosse stato ucciso e la società era molto cambiata durante la sua assenza. Si rese conto di non avere più un posto lì, poiché il suo nome e ogni prova della sua esistenza erano scomparsi dai registri. Sua moglie si rifiutava di riconoscere che era il suo ex marito, per mantenere intatto il suo attuale matrimonio e la fortuna che aveva ereditato.

La differenza tra l'uomo che era prima e quello che è ora lo rende un personaggio tragico: non ha più alcuna ragione di esistere, poiché ha perso il suo posto nella società parigina.

Ciononostante, si sforza con determinazione di riconquistare le sue proprietà e i suoi titoli. I suoi sforzi sono presentati come futili fin dalle prime frasi del libro: è un "vecchio pugile" (p. 1) che ispira pietà, disgusto e paura, e i commessi gli gettano addosso croste di pane. È una figura patetica e Derville si occupa del suo caso per pietà e compassione.

Nel corso del romanzo, il personaggio di Chabert si sviluppa in tre fasi principali:

- quando ci viene presentato all'inizio della storia è vestito di stracci e sembra un cadavere. Indossa una parrucca grottesca, che si stacca quando si toglie il cappello. Tutto ciò lo rende un personaggio piuttosto patetico;

- torna poi alla sua antica grandezza grazie ai suoi nuovi abiti e alla sua audacia quando si reca nell'ufficio di Derville per discutere con la moglie. Tuttavia, è proprio questa ambizione che lo porta alla rovina: non comprende i codici della nuova società e, accecato dall'amore, non vede la trappola che l'ex moglie gli sta tendendo;

- alla fine, in seguito al disgusto per l'avidità e la meschinità della moglie, si ritira completamente dalla società, arrivando persino a rifiutare il proprio nome (si presenta con il numero di matricola e il numero della stanza che gli è stata assegnata), e va in esilio, rifiutando non solo di rivendicare i propri titoli, ma anche di adattarsi alle nuove circostanze favorite dal regime realista, in cui non vede posto per sé.

CONTESSA FERRAUD

L'ex moglie del colonnello Chabert, la contessa Ferraud, nata Rose Chapotel, incarna la società parigina perversa e avida sotto la monarchia. Chabert la conobbe al Palais Royal quando era una cortigiana e si guadagnava da vivere vendendo la sua compagnia ad altri uomini. Poi la comprò e la fece diventare sua moglie.

Corrotta dalla fortuna acquisita con i suoi due matrimoni, sviluppa una fame di denaro ed è pronta a fare qualsiasi cosa per ottenerlo e mantenerlo:

- la donna agisce alle spalle del secondo marito, usando il suo segretario Delbecq per recuperare gli ultimi soldi del primo matrimonio;

- la contessa rifiuta di pagare una somma annuale di 24.000 franchi – una minima parte della fortuna ottenuta con l'astuzia e l'appropriazione indebita dal suo matrimonio con Chabert – come parte dell'accordo amichevole proposto da Derville. Il suo indignato rifiuto fa infuriare il colonnello e fa decadere l'accordo, consentendo alla contessa di gestire l'affare in modo più personale;

- non si fa scrupoli a manipolare Chabert: lo convince che lo ama ancora ma che ora ha altre priorità, affermazione che illustra presentandogli i suoi due figli. Il vecchio soldato è colpito dalla loro spensieratezza, dall'innocenza e dall'affetto per la madre.

La contessa Ferraud è presentata come una femme fatale. Sfrutta il suo fascino femminile, le sue abilità recitative e la sua meschinità per volgere le situazioni a suo vantaggio:

> "'Povere creature!', gridò la contessa, non trattenendo più le lacrime, 'dovrò lasciarle. A chi li assegnerà la legge? [...] Oh sì!', esclamò. 'Se sarò separata dal conte, lasciatemi solo i miei figli e mi sottometterò a tutto...'" (pp. 80-81).

In questa scena, la Contessa è ritratta come una donna manipolatrice che sa dove risiedono le sue forze (in questo caso, nei suoi figli e nelle sue lacrime). Tanto bella quanto dominatrice, incarna una forma velenosa di bellezza.

Sebbene sia riuscita a raggiungere una posizione di rilievo nell'alta società, ha comunque i suoi limiti:

- Derville, il cui lavoro lo ha reso abile nell'analizzare e manipolare le persone, riesce a scoprire le paure e le intenzioni della donna e a ottenere un'udienza con lei, anche se questo non porta a nulla;
- non sarebbe stata in grado di acquisire la sua fortuna senza i suoi due matrimoni.

MAITRE DERVILLE

Derville è un avvocato con un proprio studio, che fa da sfondo all'apertura del romanzo. Sebbene inizialmente sostenga e investa nella causa di Chabert perché ha appena vinto dei soldi al gioco, anche la sua compassione e il suo buon cuore giocano un ruolo importante. È un uomo curioso, intelligente e onesto. La sua umanità e la sua professionalità gli hanno fatto guadagnare un'ottima reputazione e i suoi servizi di avvocato sono costantemente richiesti.

Il caso di Chabert lo pone in una situazione delicata: in qualità di avvocato del colonnello e della sua ex moglie, cerca di risolvere la questione al di fuori del tribunale. Purtroppo, si fida troppo delle persone (in questo caso, della contessa Ferraud) e questo gli impedisce di raggiungere i risultati che si era prefissato. Perde le sue illusioni alla fine del romanzo, quando scopre che il colonnello ha perso tutto: la sua fortuna, i suoi titoli, la sua identità e la sua umanità, poiché rifiuta di vivere in mezzo alla società.

Egli attribuisce la sua misera condizione alla sua filantropia, poiché si rende conto che non può svolgere con successo il suo lavoro e rispettare i suoi valori con questa qualità umana: "Sii umano, generoso, filantropo e avvocato, e sei destinato a essere imbrogliato!" (p. 86).

Il lavoro di Derville gli ha permesso di conoscere a fondo il genere umano e di incarnare la rettitudine, l'onestà e la vera giustizia, qualità rare nella società descritta da Balzac. Il suo disgusto lo spinge a trasferirsi in campagna.

Compare nello stesso ruolo di benefattore in diversi romanzi de *La Comédie Humaine*, come *Padre Goriot*.

PERSONAGGI SECONDARI

Molti personaggi secondari hanno un ruolo nella trama. Tra questi, in particolare, gli impiegati dell'ufficio di Maitre Derville, il conte Ferraud (secondo marito della contessa Ferraud), Delbecq (segretario della famiglia Ferraud) e Louis Vergniaud.

I commessi

I commessi sono cinque: Boucard, Huré, Godeschal (il futuro successore di Derville), Desroches e Simonnin, il giovane fattorino dell'ufficio.

Il romanzo si apre con loro che mangiano tutti insieme. Danno un'immagine comica e grottesca della professione impiegatizia, che considera i cittadini come semplici pile di fascicoli per i quali non hanno alcun rispetto e accanto ai quali mangiano.

Conte Ferraud

Anche se non è fisicamente presente nella storia e non sente nulla della relazione dell'ex marito di sua moglie, il conte Ferraud occupa un posto relativamente importante nella trama. È il secondo marito dell'ex moglie del colonnello Chabert, Rose Chapotel. Un tempo aristocratico, lasciò la Francia durante la Rivoluzione (1789-1799) e vi fece ritorno solo quando fu ristabilita la monarchia sotto Luigi XVIII (1755-1824), che egli sostenenva. Ha avuto due figli dalla moglie e rimane una minaccia per lei. Infatti, se scoprisse le manipolazioni finanziarie della moglie e il ritorno del colonnello Chabert, che metterebbe in discussione il suo matrimonio, potrebbe lasciare la moglie e puntare a un'unione migliore a corte. La contessa Ferraud vuole sbarazzarsi di Chabert per preservare il suo matrimonio con il conte.

Delbecq

Delbecq è il segretario della famiglia Ferraud. È completamente devoto alla contessa, che gli ha promesso ricompense finanziarie e una posizione importante nel sistema giudiziario francese, ed è lui che le permette di raggiungere i suoi obiettivi grazie alla sua esperienza di ex avvocato in rovina, maestro nell'arte della manipolazione e dell'appropriazione indebita.

Louis Vergniaud

Vergniaud è un ex quartiermastro della Guardia Imperiale che ora alleva mucche in una piccola fattoria che ha messo insieme. Chabert è stato il primo comandante sotto il quale ha prestato servizio e per il quale nutre una grande ammirazione. La sua famiglia accoglie il colonnello e gli offre gratuitamente vitto e alloggio per più di un anno. Non riuscendo a sostenere le spese che questo aggiunge alla loro vita già squallida e difficile, va a perorare la sua causa a Derville nella speranza di ottenere un risarcimento. L'avvocato gli assicura che presto riceverà del denaro da Chabert, poiché è fiducioso che verrà raggiunto un accordo con l'ex moglie. Sfortunatamente, le cose non vanno come sperava e Vergniaud diventa un autista di taxi a pagamento dopo il fallimento della sua attività.

Era felice durante il Primo Impero francese, ma, come Chabert, si ritrova spaesato e sfortunato dopo il ritorno al potere della monarchia. Questo evidenzia gli effetti devastanti del ritorno della regalità, governata dall'avidità e dalla brama di potere.

ANALISI

IL COLONNELLO CHABERT E L'ESTETICA REALISTA

Il realismo è un movimento estetico emerso nella prima metà del XIX secolo, in opposizione al romanticismo. Il suo obiettivo è quello di rappresentare fedelmente la realtà, senza idealizzazioni o artifici. Balzac fu uno dei precursori di questa tendenza letteraria, che si affermò come movimento tra il 1840 e il 1850. Il *colonnello Chabert* presenta diversi elementi chiave che sono fondamentali per l'estetica di Balzac.

Scrittura basata sull'osservazione

La scrittura di Balzac si basa sull'osservazione: egli ritrae il mondo reale attraverso la sua attenta osservazione della società francese. Questo gli permette di introdurre diversi tipi di personaggi di varia estrazione sociale. Inoltre, i personaggi sono spesso giustificati dall'ambientazione, motivo per cui i luoghi e l'ambiente sono spesso descritti prima della comparsa delle persone. Ad esempio, quando Derville si avvicina alla casa dei Vergniaud, il narratore descrive a lungo questo ambiente malandato, costruito su e con i detriti di vecchi edifici:

> *"Benché costruita di recente, questa casa sembrava pronta a cadere in rovina. Nessuno dei suoi materiali aveva trovato un uso legittimo; erano stati raccolti dalle varie demolizioni che avvengono ogni giorno a Parigi. [...] Il piano terra, che sembrava essere la parte abitabile, era da un lato rialzato rispetto al suolo e dall'altro affondato nel terreno in salita" (p. 40).*

La descrizione della casa, che sembra stia per crollare, rappresenta lo stato dei suoi abitanti e ne preannuncia la rovina: il colonnello perderà la causa, mentre il suo amico andrà in bancarotta. Non appena la fattoria è stata costruita, inizia a crollare e la parte in cui vive la famiglia è già "affondata". Questa descrizione fa da sfondo al ritratto del proprietario, Louis Vergniaud, il cui volto è "abbronzato, dalle guance incavate e rugose" (p. 53), stanco, segnato e terroso come la sua casa. Come la casa, anche lui è destinato a crollare.

Il legame tra aspetto e identità

Allo stesso modo, le descrizioni fisiche ci dicono molto sulla natura di un personaggio. Ad esempio, Chabert è descritto come un uomo morto che è tornato nella terra dei vivi. Quando viene presentato per la prima volta, viene paragonato a un cadavere e viene ripetutamente chiamato "il morto":

> *"I suoi occhi sembravano avvolti da una pellicola trasparente […]. Il suo volto, pallido, livido e sottile come un coltello, se posso usare un'espressione così volgare, era come il volto di un morto. Al collo aveva una stretta calza di seta nera" (p. 16).*

Questa descrizione precede la scoperta della vera identità del colonnello Chabert e della sua storia. Viene presentato come un cadavere, un uomo che è tornato in vita dalla morte:

- i suoi occhi sono coperti da una pellicola bianca, come quella che copre gli occhi dei ciechi e dei morti;

- la sua pelle è mortalmente pallida, come quella di un cadavere;

- la "calza di seta nera stretta" intorno al collo lo fa sembrare un condannato a morte per impiccagione.

Questi dettagli non solo introducono la condizione del colonnello (è un uomo morto che cerca di rivivere in una nuova società, e il suo aspetto da cadavere suggerisce che sarà difficile per lui reinserirsi), ma determinano anche un allontanamento che inizia fin dalle pagine iniziali del romanzo con il riferimento al suo "vecchio Box-coat" (p. 1), ormai fuori moda, e alla sua cravatta strettamente annodata che lo fa sembrare un uomo impiccato, morto agli occhi della società.

Un quadro vivente della società

Balzac usa il mezzo della narrativa per dare vita alle sue osservazioni e affermare le sue idee sulla società. Questo gli permette di dar vita ai suoi personaggi attraverso la trama di una storia. Egli dà coerenza e logica ai ritratti che elabora riunendo i suoi scritti sotto il titolo di *La Comédie Humaine*, un gigantesco affresco composto da varie sezioni, tra cui *Scènes de la vie privée*, di cui fa parte *Il colonnello Chabert*. Questa suddivisione in scene richiama l'attenzione sul fatto che alcuni personaggi ricompaiono in diversi libri della serie. È il caso, in particolare, di avvocati come Derville e Delbecq, anche se quest'ultimo rimane molto sullo sfondo.

Sebbene la narrativa non possa mai dare una rappresentazione del tutto fedele della realtà, può comunque mostrare le particolarità e i difetti di una determinata società attraverso la rappresentazione di una serie di personaggi che rappresentano la condizione umana. Nel *Colonnello Chabert*, Balzac utilizza il protagonista eponimo per analizzare l'impatto del ritorno della monarchia dopo la caduta di Napoleone e del Primo Impero francese.

UN'INVERSIONE DI VALORI

Grandi cambiamenti politici

Il primo sconvolgimento è causato da un importante cambiamento politico. Infatti, Balzac utilizza questo romanzo per denunciare i cambiamenti nella società provocati dal ritorno della monarchia. Questo sconvolgimento è vissuto e illustrato dal personaggio di Chabert. Il vecchio colonnello è stato un eroe di guerra durante il Primo Impero francese sotto Napoleone (1804-1815), ottenendo riconoscimenti e titoli in quel periodo. Quando torna in Francia nella speranza di riottenere i suoi titoli e le sue proprietà grazie ai valori che ha difeso e ai suoi meriti di soldato, si rende conto che la società si è trasformata negli anni della sua convalescenza e del suo peregrinare tra Germania e Francia. Infatti, mentre il regno di Napoleone (almeno all'inizio) pretende di essere fedele ai principi repubblicani, abolendo i privilegi aristocratici e rendendo tutti i cittadini responsabili di fronte alla legge, la Restaurazione borbonica (1815-1830) reintroduce i valori della monarchia. In particolare, questo periodo vede il ritorno dell'aristocrazia e permette la manipolazione del sistema giudiziario.

Merito, amore e onore

Il romanzo di Balzac descrive una società diventata senza cuore dopo il ritorno della monarchia e dell'aristocrazia. Ciò implica non solo un cambiamento politico, ma anche un cambiamento dei valori, che ora sono capovolti. In questa nuova società, le qualità umane del vecchio colonnello, come uomo orgoglioso, meritevole, coraggioso e onesto, non gli sono più utili, anzi, alla fine lo portano alla rovina. È un uomo di parole e di sentimenti e non si accorge della trappola che la sua ex moglie gli sta tendendo. La contessa fa credere a Chabert di essere ancora innamorata di lui e usa i suoi figli per conquistarlo e uscire vittoriosa dal caso, finché il morto non scopre le vere ragioni dell'apparente ritorno dei suoi sentimenti per lui.

Allo stesso modo, Derville incarna la figura dell'avvocato giusto e umano e riconosce che i valori morali del passato, ovvero la giustizia, il merito e l'uguaglianza, sono inutili in questa società in cui le piccole beghe e il denaro dominano tutto. Il merito, uno dei valori dell'Impero, è incarnato da Chabert (che si è guadagnato i suoi numerosi titoli grazie alle sue azioni eroiche nelle guerre napoleoniche), ma ora è stato sostituito dal potere del denaro e dell'ambizione.

Denaro e ambizione

I temi del denaro e dell'ambizione sono strettamente legati e guidano la trama. Le azioni dei personaggi sono essenzialmente motivate dal denaro e dal desiderio di assicurarsi una posizione migliore nella società. Delbecq ne è un esempio perfetto: accetta di offrire i suoi servizi di ex avvocato manipolatore in cambio di denaro e di un posto di alto livello nel sistema legale.

Il denaro è rappresentato come una fonte di potere che i personaggi desiderano e a cui aspirano, ma che può anche portare alla loro rovina. È un'arma a doppio taglio che rende le persone avide e manipolatrici.

In questa società, i bei sentimenti non contano più nulla e portano all'infelicità: l'amore che il colonnello prova ancora per l'ex moglie lo porta all'esilio. C'è quindi un'inversione di status e di valori. Infine, possiamo anche interpretare questa discrepanza come un rifiuto del Romanticismo: il tormentato, tragico, impulsivo Chabert ha tutte le caratteristiche dell'eroe romantico, ma è fuori posto nella dura società descritta da Balzac. Il realismo, che rappresenta il nuovo ordine sociale e politico, spazza via tutto ciò che incontra sul suo cammino.

LA POSIZIONE DELLE DONNE

Le donne ne *Il Colonnello Chabert* sono rappresentate dall'unico personaggio femminile del romanzo: La contessa Ferraud, ex moglie del protagonista. Lei incarna questo rovesciamento di valori. Infatti, sebbene riesca a salire al livello di Chabert e a tenergli testa, Balzac condanna i metodi che utilizza per ottenere questo risultato, motivati dalla brama di denaro e di potere.

In questo romanzo, la donna diventa uguale agli uomini, anche se la sua emancipazione dipende ancora da alcune condizioni:

- **matrimonio.** Rose Chapotel (nome da nubile della contessa) riesce a salire nella scala sociale grazie al matrimonio. Durante il periodo dell'Impero, passa da cortigiana a contessa grazie al matrimonio con Chabert. Durante la Restaurazione, quando i valori stabiliti dal regime di Napoleone vengono aboliti, conserva il suo titolo e cerca di entrare nei ranghi della nobiltà sposando un aristocratico. Da questo matrimonio nascono due figli;

- **seduzione e manipolazione.** La contessa sfrutta la sua femminilità per raggiungere i suoi obiettivi. Usa le sue astuzie femminili per influenzare Chabert e fargli dimenticare la sua ambizione di riconquistare i suoi titoli e la moglie. Se lui insiste per tornare con lei, lei perderà tutto: "Solo che tu mi trovi un'amante, una madre, mentre mi hai lasciato solo una moglie" (p. 75);

- **denaro.** La contessa riesce a raggiungere i suoi obiettivi soprattutto grazie a Delbecq, che paga profumatamente per assicurarsi i suoi servizi, la sua discrezione e la sua fedeltà.

In questo caso, la donna incarna un aspetto dello sconvolgimento politico e sociale derivante dal ritorno della monarchia: non c'è nulla a cui non si abbassi per preservare i suoi diritti e il suo status. Tuttavia, quando appare per la prima volta, sembra giovane e pura e più tardi, nella sua casa di campagna, si presenta a Chabert come una moglie e una madre amorevole. Tuttavia, a differenza di altri personaggi femminili di Balzac, questa apparente fragilità e purezza sono solo un paravento per permettere alla contessa di realizzare le sue ambizioni.

IL PENSIERO DI BALZAC

Ne *La Comédie Humaine*, Balzac si propone di realizzare un ritratto della società attraverso la finzione. Non si tratta di una semplice osservazione o di una rappresentazione fedele. Il suo obiettivo è quello di far vedere al lettore i difetti della società, che vengono presentati attraverso una serie di personaggi, e di trarre da questo esame una conclusione e una morale più o meno esplicita (in questo caso, la morale è enunciata da Derville alla fine del romanzo: "Sii umano, generoso, filantropo e avvocato, e sei destinato a essere imbrogliato!", p. 86).

Una società distruttiva

La società distruttiva è rappresentata da Parigi, dove si svolge la maggior parte della trama. L'energia e il movimento della città fanno emergere il peggio delle persone e si contrappongono alla campagna, che viene rappresentata come un luogo di riposo e spensieratezza dove la vita è più semplice. Chabert viene punito da questa società per aver cercato di riconquistare il posto che gli spettava.

La società sembra distruggere tutto ciò che non vi si adatta. Chabert appare come un personaggio tragico fin dal momento in cui ci viene presentato. È il "vecchio bossiano" fuori moda a cui i commessi lanciano pezzi di pane. Simonnin, un ragazzo che lavora nell'ufficio, lo prende in giro quando viene a presentare la sua richiesta. Anche il suo arrivo è descritto insieme alla scena comica del pasto dei commessi.

La dolorosa prova della vita di Chabert

In questa società crudele, la vita appare ancora più difficile e dolorosa delle imprese militari del colonnello durante la battaglia di Eylau. Infatti, il suo "vigoroso attacco" (p. 19), quando carica da solo verso il nemico, con il resto della sua guardia in ritardo, è raccontato nel registro epico ed è passato alla storia.

Tuttavia, il suo ritorno alla vita sotto la monarchia è misero, patetico, lento e faticoso. È rifiutato dalla società: a volte vaga come un vagabondo e a volte viene preso per un pazzo. Persino la morte sembra essere un'opzione migliore della vita: "Provava un tale disgusto della vita, che se ci fosse stata dell'acqua a portata di mano vi si sarebbe gettato; che se avesse avuto una pistola, si sarebbe fatto saltare le cervella" (p. 84).

La fuga è l'unica opzione: la disumanizzazione come condizione necessaria per il mantenimento dei valori

Balzac rifiuta completamente la società descritta nel *Colonnello Chabert*. Viene presentata come un luogo in cui gli individui non possono vivere con valori autentici e realizzare il proprio destino. Piuttosto che adattarsi a questa società, sono costretti ad abbandonare la loro umanità se vogliono continuare a viverci. Infatti, mentre il passato del colonnello lo contraddistingue come figura epica e cristica, all'interno della società è un capro espiatorio. La sua unica opzione è quella di fuggire senza chiedere ciò che gli è dovuto, dimenticando il suo nome e lasciandoselo alle spalle. Derville è l'unico altro personaggio che prende in considerazione l'idea di lasciare Parigi. Per Balzac, che ha nostalgia dell'Impero sotto Napoleone, questi due uomini sono gli unici a trovare giustizia.

In questo modo, l'autore indica chiaramente la sua preferenza per l'essere rispetto al fare: la fortuna dell'uomo non deriva dai suoi beni, ma dalla sua identità e dalla sua fibra morale. Chabert sceglie la disumanizzazione: rifiuta di essere chiamato per nome o di rientrare negli schemi della società e, alla fine del romanzo, si lascia identificare solo dal numero di matricola della casa di riposo. *Il colonnello Chabert* illustra quindi il modo in cui la società creata dal ritorno della monarchia schiaccia gli individui. Il protagonista eponimo incarna questa contraddizione tra un'epoca in cui, secondo Balzac, esistevano una giustizia e un'uguaglianza reali e un'epoca in cui la manipolazione regna sovrana. Infatti, il colonnello non trova giustizia e alla fine abdica alla sua posizione, seguendo così le orme di Napoleone. Non c'è posto per il suo umanesimo (che condivide con Derville) o per il suo carattere tragico nella società parigina. Per sfuggire alla crudeltà del mondo, sceglie di abbandonare il suo nome e la sua identità e soccombe a una forma di follia.

Descrivendo una società introdotta dai personaggi fittizi di Chabert e Derville, Balzac fornisce al lettore non solo una rappresentazione di questa società, ma anche una critica morale della civiltà del suo tempo.

ULTERIORI RIFLESSIONI

ALCUNE DOMANDE SU CUI RIFLETTERE...

- Come definireste il realismo di Balzac nel *Colonnello Chabert*?

- Ci sono elementi nel romanzo che vi danno informazioni su come Balzac scrive? Se sì, quali sono?

- Quale visione del matrimonio presenta Balzac nel romanzo?

- Quale posizione assume la contessa Ferraud nel conflitto con l'ex marito? Che immagine della donna dà?

- In che misura si può dire che il colonnello Chabert è un personaggio epico e patetico allo stesso tempo? In che modo questo è legato allo sviluppo della società?

- In che modo questo libro riflette il periodo in cui è stato pubblicato?

- Cosa lega il *colonnello Chabert* al resto de *La Comédie Humaine*?

- Ritenete che quest'opera sia una sorta di condanna? Se sì, cosa condanna Balzac in essa?

- Confrontate questo romanzo con i suoi adattamenti cinematografici.

- Secondo voi, cosa ha reso Balzac uno dei più grandi scrittori del XIX secolo? Quali sono le ragioni del suo successo?

ULTERIORI LETTURE

EDIZIONE DI RIFERIMENTO

De Balzac, H. (2015) *Il colonnello Chabert*. Trans. Marriage, E. e Bell, C. CreateSpace Independent Publishing Platform.

STUDI DI RIFERIMENTO

Robb, G. (2000) *Balzac*. Londra: Picador.

ADATTAMENTI

Il colonnello Chabert. (1911) [Cortometraggio]. André Calmettes e Henri Pouctal. Regia. Francia.

Il Colonnello Chabert. (1920) [Film]. Carmine Gallone. Dir. Italia: Lucio D'Ambra.

L'uomo senza nome. (1932) [Film]. Gustav Ucicky. Dir. Germania: UFA.

Il colonnello Chabert. (1943) [Film]. René Le Hénaff. Dir. Francia: Compagnie Commerciale Française Cinématographique.

Il colonnello Chabert. (1994) [Film]. Yves Angelo. Dir. Francia: Canal+, DD Productions, Film Par Film, Orly Films, Paravision International S.A., Sidonie, Sédif Productions, TF1 Films Production.

Vogliamo sapere da voi!
Lasciate un commento sulla vostra biblioteca online
e condividete i vostri libri preferiti sui social media!

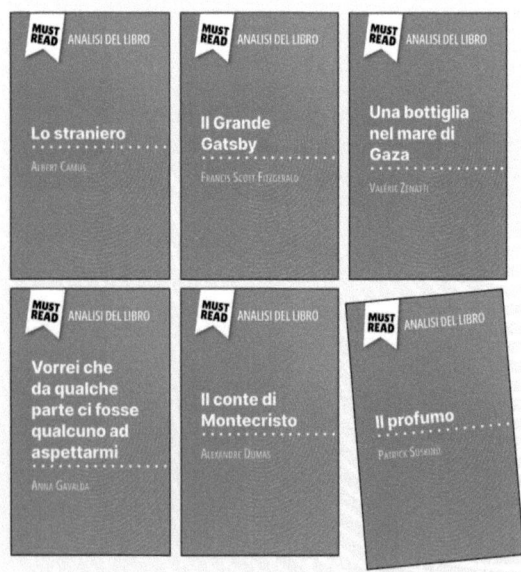

www.50minutes.com

Master ISBN: 9782808690188
ISBN cartaceo: 9782808611589
Deposito legale: D/2023/12603/1438

Copertura: © Primento

Concezione digitale a cura di Primento, il partner digitale degli editori.